L'importance des infirmières dans les soins apportés aux nouveau-nés prématurés dans l'unité de soins intensifs néonatals

Vaniuza Alves de Oliveira

L'importance des infirmières dans les soins apportés aux nouveau-nés prématurés dans l'unité de soins intensifs néonatals

ScienciaScripts

Imprint

Any brand names and product names mentioned in this book are subject to trademark, brand or patent protection and are trademarks or registered trademarks of their respective holders. The use of brand names, product names, common names, trade names, product descriptions etc. even without a particular marking in this work is in no way to be construed to mean that such names may be regarded as unrestricted in respect of trademark and brand protection legislation and could thus be used by anyone.

Cover image: www.ingimage.com

This book is a translation from the original published under ISBN 978-613-9-60744-0.

Publisher:
Sciencia Scripts
is a trademark of
Dodo Books Indian Ocean Ltd. and OmniScriptum S.R.L publishing group

120 High Road, East Finchley, London, N2 9ED, United Kingdom
Str. Armeneasca 28/1, office 1, Chisinau MD-2012, Republic of Moldova, Europe

ISBN: 978-620-7-30240-6

Copyright © Vaniuza Alves de Oliveira
Copyright © 2024 Dodo Books Indian Ocean Ltd. and OmniScriptum S.R.L publishing group

Conclusion du cours Document présenté comme prérequis pour l'obtention du titre de Spécialiste en Soins Infirmiers Néonatals en USI du Centre d'Etude des Soins Infirmiers et de la Nutrition.

Domaine de spécialisation : soins infirmiers.
Superviseur : Infirmière Ana Carolina Dias Vila.

BRASILIA - DF
2017

RÉSUMÉ

Les avancées scientifiques, thérapeutiques et technologiques dans le domaine de la néonatologie sont essentielles pour améliorer la qualité de vie des nouveau-nés prématurés, mais ces connaissances doivent être intégrées en faveur du sauvetage de la nature humaine. L'objectif de cette recherche est de rendre compte de l'importance du rôle de l'infirmière dans la prise en charge des nouveau-nés prématurés en Unité de Soins Intensifs Néonatals (USIN) et de décrire les mesures non pharmacologiques utilisées en USIN pour soulager la douleur et réconforter le nouveau-né. Il s'agit donc d'une étude qualitative visant à développer les connaissances sur le sujet en question. Pour la collecte des données, des revues indexées entre 2010 et 2016 ont été consultées et sélectionnées dans les moteurs de recherche Bireme, Lilas et Scielo, ainsi qu'un livre sur le sujet. L'étude des données a montré que les services de soins pour les nouveau-nés prématurés doivent être organisés et bien structurés, et que la participation des infirmières est fondamentale pour la pratique des soins. On estime donc qu'une mise à jour constante favorise de meilleures pratiques de santé, ce qui rend les infirmières aptes à fournir des soins néonatals.

Descripteur du sujet : prématurité ; nouveau-né prématuré ; soins infirmiers.

RÉSUMÉ

CHAPITRE 1   4

CHAPITRE 2   12

CHAPITRE 3   24

CHAPITRE 4   40

CHAPITRE 1

INTRODUCTION

La néonatologie est encore considérée comme une nouvelle science en constante évolution. Elle a débuté avec l'obstétricien français Pierre Budin, qui a étendu son intérêt pour les nouveau-nés au-delà de la salle d'accouchement. En 1892, Budin a créé une clinique de puériculture à l'hôpital de la Charité, devenant ainsi responsable du développement initial de la médecine néonatale (SOUSA *et al,* 2016).

Selon Otaviano, Soares et Duarte (2015), les soins intensifs néonatals sont l'un des plus complexes du système de santé, nécessitant l'utilisation inévitable de technologies de pointe et, surtout, d'un personnel formé pour soigner les nouveau-nés à haut risque. Selon les auteurs, grâce aux avancées scientifiques et technologiques dans le domaine de la néonatologie, telles que la mise en place de l'unité de soins intensifs néonatals (USIN), il est désormais possible pour les nouveau-nés gravement malades de quitter les unités de soins néonatals dans des conditions sûres et vraisemblablement satisfaisantes.

L'unité néonatale est l'environnement où les nouveau-nés gravement malades sont hospitalisés jusqu'à ce que leurs paramètres tels que le poids, la fréquence cardiaque, la fréquence respiratoire et la température se stabilisent. C'est précisément dans cet environnement que le nouveau-né fait l'expérience de l'impuissance, car il est privé de tous les soins qu'une mère lui prodiguerait s'il était né en bonne santé. En outre, il doit souvent subir des procédures invasives et douloureuses, ce qui est source de stress et de fatigue physique et mentale (SILVA, ARAÚJO, TEIXEIRA, 2012).

Ce lieu est plein de bruits, de changements de température, de lumière vive, ainsi que d'interruptions du cycle de sommeil, car des évaluations et des procédures constantes sont nécessaires et causent de la douleur et de l'inconfort au nouveau-né. En outre, il existe d'autres facteurs de complication tels que la séparation prolongée et précoce entre le nouveau-né, les parents et leur famille, la diminution du taux d'allaitement et l'exposition accrue de l'enfant à des facteurs de risque susceptibles de générer des complications et des séquelles graves (OTAVIANO, DUARTE, SOARES, 2015).

Bien que l'importance de l'USIN pour les nouveau-nés malades, en particulier les prématurés, soit bien connue, cette unité doit veiller et protéger la santé et le bien-être de l'enfant sous tous ses aspects. Cependant, il s'agit d'un environnement nerveux, impersonnel et même effrayant pour ceux qui ne sont pas habitués à sa routine (SOUSA *et al,* 2016).

Les recherches montrent que l'environnement de l'unité de soins intensifs néonatals interfère avec la maturation et l'organisation du système nerveux central du nouveau-né, en particulier celui des nouveau-nés prématurés. L'éclairage intense, le bruit excessif, les manipulations fréquentes et la conduite thérapeutique entraînent des changements significatifs dans les réponses physiologiques et comportementales de l'enfant, tels que des retards dans le développement physique, neurologique, sensoriel, émotionnel et cognitif (CARDOSO *et al*, 2010).

Selon l'Organisation mondiale de la santé (OMS), un enfant dont l'âge gestationnel est inférieur à 37 semaines est considéré comme prématuré. Selon Ricci (2015), l'âge gestationnel est généralement mesuré en semaines : un nouveau-né dont l'âge gestationnel est inférieur à 37 semaines révolues est classé comme prématuré, un nouveau-né dont l'âge gestationnel est compris entre 38 et 41 semaines révolues est considéré comme à terme, et un nouveau-né dont l'âge gestationnel est supérieur à 42 semaines révolues est classé comme post-terme.

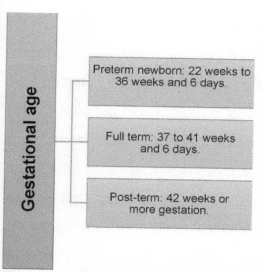

Figure 1. Classification de l'âge gestationnel.
Source : RICCI, 2015.

Comme Otaviano, Duarte et Soares (2015), les bébés prématurés sont non seulement immatures sur le plan morphologique et fonctionnel, mais beaucoup sont également plus susceptibles de développer des altérations dans leur développement en raison de l'immaturité du système nerveux central.

En raison de leur immaturité cérébrale, les nouveau-nés prématurés ont des difficultés à rester alertes, présentent un tonus extenseur prédominant, des réflexes oraux incomplets ou absents, ainsi que de nombreux autres facteurs qui peuvent expliquer les difficultés de succion et l'incoordination avec la déglutition et la respiration, influençant la prise de poids et, par conséquent, prolongeant la sortie de l'hôpital

(SILVA, ARAÚJO, TEIXEIRA, 2012).

Silva, Araújo et Teixeira (2012) affirment que la naissance prématurée est une agression contre le fœtus, car il n'est pas encore complètement développé et présente donc une immaturité morphologique et fonctionnelle. En fait, cela est associé à un taux élevé de morbidité et de mortalité chez les enfants de moins d'un an ; pour les auteurs, les bébés prématurés sont plus sensibles aux problèmes de santé en raison de leur manque de défense intrinsèque et de l'immaturité de divers systèmes et organes qui étaient encore en cours de maturation lorsque leur mère leur a donné naissance.

Selon Otaviano, Duarte et Soares (2015), bien que les soins aux nouveau-nés dans les unités néonatales aient connu d'importantes transformations technologiques, il est encore possible de constater, au quotidien, la tendance à un travail routinier et mécaniste, caractérisé par le modèle biomédical de soins.

Dans cette optique, l'équipe soignante doit considérer le nouveau-né non pas comme un objet, mais comme un sujet de soins actif et réceptif, un être humain avec des besoins biologiques et émotionnels, quel que soit son âge à la naissance. En ce sens, le travail de professionnels engagés

8

et formés est nécessaire, qui savent combiner les connaissances théoriques, les compétences techniques, l'agilité et la sensibilité pour répondre aux besoins physiques, biologiques et émotionnels du nouveau-né (OTAVIANO, DUARTE, SOARES, 2015).

Pour que le nouveau-né prématuré soit soigné de manière humanisée, il est nécessaire que l'équipe soignante travaille de manière synchronisée, et pour cela, certains outils de base doivent être adoptés, comme la communication entre les professionnels, la valorisation de leurs opinions et la mise en œuvre d'actions qui favorisent une bonne relation entre eux (SOUSA *et al*, 2016).

Dans ce processus d'humanisation, les infirmières jouent un rôle crucial, notamment en favorisant la formation de liens affectifs et l'interaction entre les nouveau-nés et leurs parents, afin de réduire les effets négatifs de l'hospitalisation néonatale pour les deux et d'accroître le sentiment de responsabilité des parents dans le rétablissement de leur enfant (SOUSA *et al*, 2016).

Silva, Araújo et Teixeira (2012) en déduisent que les infirmières peuvent renforcer la formation de ce lien en utilisant certaines ressources telles que : faciliter le premier contact des parents avec le nouveau-né, et ne pas entraver

9

leur entrée dans l'unité ; encourager le toucher et permettre aux parents de participer aux soins du nouveau-né dans la mesure du possible ; expliquer les dispositifs utilisés et le traitement ; rendre l'environnement de l'USIN accueillant ; écouter attentivement ce que les parents ont à dire, fournir des éclaircissements pour résoudre les doutes ; et encourager la méthode de la mère kangourou.

En bref, quel que soit le domaine dans lequel elles travaillent, les infirmières ont une série de responsabilités en matière de soins aux patients. Toutefois, cette responsabilité s'intensifie si l'on tient compte du fait que l'unité de soins intensifs néonatals accueille des nouveau-nés susceptibles de souffrir de complications graves et exposés à un risque de décès imminent.

Compte tenu de ce qui précède, et estimant que les soins aux nouveau-nés devraient être développés de manière intégrée et humanisée, l'étude s'est attachée à rendre compte de l'importance du rôle de l'infirmière dans les soins aux nouveau-nés prématurés dans l'unité de soins intensifs néonatals (USIN) et à décrire les mesures non pharmacologiques utilisées dans l'USIN pour soulager la douleur et réconforter le nouveau-né.

De ce point de vue, la pertinence de l'étude de ce sujet

a été justifiée par la possibilité de présenter et de diffuser des travaux qui permettent une réflexion sur le processus de soins, contribuant ainsi à sensibiliser les professionnels de la santé à l'adoption de mesures humanisées pour soigner les nouveau-nés admis dans l'unité de soins intensifs néonatals.

CHAPITRE 2

MÉTHODOLOGIE

Il s'agit d'une analyse documentaire qualitative. Selon Lakatos et Marconi (2007), la recherche bibliographique, voire les sources secondaires, vise à mettre en contact le chercheur et ce qui a été écrit.

Gil (2008) indique que la recherche bibliographique basée sur des livres et des articles scientifiques permet au chercheur d'obtenir une couverture plus riche du phénomène que la recherche directe.

Pour la collecte des données, nous avons utilisé des livres et des articles de journaux pertinents pour le sujet. Pour la recherche d'articles relatifs au sujet, les revues indexées entre 2010 et 2016 ont été consultées et sélectionnées dans les moteurs de recherche Bireme, Lilas et Scielo, en utilisant les descripteurs **"prématurité"**, **"nouveau-né prématuré"** et **"soins infirmiers"**. A partir de ce processus d'identification, les résumés ont été lus et les articles nationaux ont été inclus, rendus disponibles dans leur intégralité, qui abordaient les thèmes des nouveau-nés prématurés et des soins infirmiers de manière isolée, ainsi que des approches associées.

En ce qui concerne les critères d'inclusion et d'exclusion,

les articles publiés dans des revues nationales en portugais entre 2010 et 2016 et traitant du sujet lié à la recherche ont été inclus ; par conséquent, les articles publiés en dehors de la période préétablie, dans une langue étrangère et ceux dont les approches ne correspondaient pas à l'objectif général de la recherche ont été exclus, ce qui a laissé 15 articles à analyser. En outre, un livre a été utilisé, dont l'approche était appropriée à l'objectif de l'étude.

Graphique 1. Répartition des articles sélectionnés et analysés sur le thème " L'importance du rôle de l'infirmière dans la prise en charge des nouveau-nés prématurés en USIN ", Brasília, 2017.

Magazine/ Journal	Titre de l'article	Auteur/ Année	Objectif	Méthode	Résultats	Conclusion
Journal de l'école d'infirmières Anna Nery.	Le personnel infirmier fait face à la douleur du nouveau-né prématuré.	AMARA L et al, 2014.	Caractériser l'équipe infirmière et identifier les méthodes d'évaluation et de prise en charge de la douleur chez les nouveau-nés prématurés.	Il s'agit d'une étude exploratoire-descriptive menée dans l'unité de soins intensifs néonatals (USIN) et l'unité de soins intermédiaires d'un hôpital universitaire d'Uberaba, Minas Gerais. Quarante-deux professionnels des soins infirmiers ont participé à l'étude.	33 (78,6%) techniciens infirmiers et 9 (21,4%) infirmiers ; 13 (31%) avaient entre 26 et 30 ans et étaient de sexe féminin. Tous les professionnels étaient d'accord sur la capacité de l'enfant à ressentir la douleur. Les pleurs, 42 (100%), le visage, 40 (95,2%) et le rythme cardiaque, 39 (92,8%), étaient les paramètres d'évaluation les plus fréquemment mentionnés. Les comportements mentionnés	L'équipe croit en la capacité du NB à ressentir la douleur, associée à des indicateurs physiologiques et comportementaux, mais il existe un besoin de formation en la matière.

					étaient non pharmacologiques.	
Magazine René.	Douleur néonatale : mesures non pharmacologiques utilisées par l'équipe soignante*.	AQUINO, CHRISTOFF EL, 2010.	Identifier les procédures considérées comme douloureuses par l'équipe soignante et vérifier les mesures non pharmacologiques utilisées par l'équipe soignante pour soulager la douleur et l'inconfort.	Une étude descriptive-exploratoire, avec une approche quantitative, dont la collecte des données a eu lieu dans l'unité néonatale d'une maternité de la ville de Rio de Janeiro en 2008.	Sur les trente-cinq professionnels infirmiers interrogés qui prodiguaient des soins aux nouveau-nés dans l'unité de néonatalogie, 29 (82,9 %) étaient des infirmières auxiliaires et six (17,1 %) étaient des infirmières. En ce qui concerne les mesures non pharmacologiques utilisées par les	Il a été conclu que l'équipe infirmière s'était préoccupée d'adopter des mesures visant à minimiser la douleur chez le nouveau-né au cours de l'hospitalisation.
			les soins infirmiers en néonatalogie		La majorité des infirmières ont utilisé la contention, la succion non nutritive, le glucose oral, le clapotis et le roulement comme principales mesures.	
Magazine René.	Défis et stratégies des infirmières des unités de soins intensifs néonatals.	CARDOSO, 2010.	Décrire les principaux défis et stratégies des infirmières travaillant dans l'unité de soins intensifs néonatals (USIN).	Il s'agit d'une étude descriptive et exploratoire, avec une approche quantitative, réalisée à Fortaleza-CE-Brésil. Vingt-quatre infirmières de trois hôpitaux de référence ont été interrogées, à l'aide d'un formulaire comportant des	En ce qui concerne les difficultés rencontrées dans la prestation des soins, les points suivants ont été relevés : manque de ressources matérielles 15 (34,0%) ; matériel inadéquat 8 (18,1%) ; techniciens professionnels peu qualifiés 7 (15,9%) ;	On estime qu'une mise à jour constante améliore les soins et les performances des professionnels, optimisant ainsi leur pratique. La conclusion est qu'un soignant orienté et formé aux soins néonatals est essentiel.

				questions ouvertes et fermées, de mai à juin 2008.	surpopulation/capacité en lits 5 (11,3%). En ce qui concerne les stratégies, les points suivants ont été relevés : réponses aux connaissances scientifiques et technologiques 12 (35,2%) et soins humanisés 9 (26,4%).	
Revista Paulista de Pediatria.	Facteurs de risque pour la mortalité des nourrissons de très faible poids de naissance dans l'unité de soins intensifs néonatals.	CARNEIRO et al, 2012.	Identifier les facteurs associés à la mortalité des nouveau-nés de très faible poids de naissance admis dans une unité de soins intensifs néonatals de référence dans le nord de Minas Gerais, Brésil.	Étude transversale basée sur l'analyse des dossiers médicaux d'un échantillon aléatoire de nouveau-nés admis dans une unité de soins intensifs néonatals entre janvier 2007 et juin 2010.	Les données de 184 dossiers médicaux ont été sélectionnées et analysées, faisant état de 44 décès (23,9 %). Les variables qui sont restées statistiquement associées au décès des nouveau-nés de très faible poids de naissance, après analyse multivariée, étaient les suivantes : poids de naissance inférieur à 1 000 g (OR 7,29 ; 95%CI	Les résultats montrent des lacunes dans les soins prénataux et la nécessité d'améliorer les soins périnataux pour les mères et les enfants.
					3,19 - 16,63 ; *p* <0,001), un score d'Apgar à la première minute inférieur à sept (OR 3,57 ; 95%CI 1,53 - 8,32 ; *p=0,*003) et moins de quatre consultations prénatales (OR 2,72 ; 95%CI 1,19 - 6,23 ; *p=0,*018).	

Journal de l'école d'infirmières Anna Nery.	Soins de la peau du nouveau-né : analyse des concepts.	FONTENELE , PAGLIUCA, CARDOSO, 2012.	Analyse du concept de soins de la peau du nouveau-né.	Une étude documentaire a été réalisée. Le cadre théorique et méthodologique utilisé est le modèle d'analyse conceptuelle de Rodgers, et les étapes suivantes ont été développées : identifier le concept d'intérêt et les expressions associées ; identifier et sélectionner le champ de collecte des données et identifier les antécédents, les attributs et les conséquences.	Les antécédents suivants ont été identifiés : prématurité, risque d'infection, surveillance, facteurs environnementaux, changements physiologiques, antiseptiques, soins intensifs, procédures invasives, blessures, examen physique et faible poids. Attributs : continu, individualisé, dynamique, efficace, judicieux, délicat, humanisé, sûr, complet, prioritaire, immédiat et standardisé. Conséquences : prévention des blessures, maintien de l'intégrité de la peau, amélioration de l'état de la peau, de l'état clinique et de la circulation, contrôle de la perte d'eau, prévention des infections et confort.	Le concept analysé a révélé une association significative avec la prématurité et le risque d'infection, et a été lié aux caractéristiques au fil du temps.
Revista Escola de Enfermagem da USP.	Prendre soin du nouveau-né à l'unité de soins intensifs néonatals : vivre avec la	KLOCK, ERDMANN, 2012.	Comprendre le sens d'être et de faire le	La théorie fondée sur les données a été utilisée, ainsi que la	Une catégorie centrale a été identifiée : Vivre avec la fragilité des	Il est nécessaire d'exercer le potentiel qui est déjà inné chez les professionnels de l'informatique.

16

	la fragilité de vivre/survivre à la lumière de la complexité.		soins aux infirmières dans une unité de soins intensifs Unité néonatale d'un hôpital général du sud du Brésil.	Paradigme de la complexité dans la construction du modèle théorique : Prendre soin du nouveau-né dans l'unité de soins intensifs néonatals : vivre avec la fragilité de la vie/survie à la lumière de la complexité. Onze sujets ont participé à l'étude. Les données ont été collectées par le biais d'entretiens ouverts et organisées à l'aide du logiciel NVIVO.	vivre/survivre : soins très complexes, sensibles, singuliers et partagés.	Il s'agit d'une invitation à de nouvelles façons de prendre soin du nouveau-né, de sa famille et des membres de ce système complexe.
Revista Gaúcha de Enfermagem.	Prévention et contrôle des infections dans les unités de soins intensifs néonatals.	LOREN ZINI, COSTA, SILVA, 2013.	Identifier les connaissances du personnel infirmier d'une unité néonatale de soins intensifs (UNSI) en matière de contrôle des infections, ainsi que les facteurs qui facilitent ou entravent le contrôle et la prévention des	Une étude descriptive avec une approche qualitative a été réalisée avec trois infirmières et 15 techniciens infirmiers travaillant dans une unité de soins intensifs néonatals d'une institution philanthropique de la région sud du Brésil.	Il est apparu que l'équipe infirmière a une grande connaissance des facteurs qui facilitent la prévention et le contrôle des IAS dans l'unité de soins intensifs néonatals, le principal d'entre eux étant l'hygiène des mains. Parmi les facteurs qui entravent le contrôle et la prévention, on trouve la surpopulation et la charge de	Le travail efficace et qualifié de l'équipe infirmière est une stratégie de prévention et de contrôle des infections nosocomiales.

			infections liées aux soins de santé (ILS).		travail excessive.	
Revista Dor.	Évaluation et contrôle de la douleur par les infirmières dans un	MARTIN S et al, 2013.	Identifier et analyser les conceptions et	Une étude descriptive a été réalisée avec la participation de	Les infirmières ont reconnu la capacité de la PTNB à	Bien qu'elle reconnaisse que les PTNB ressentent la douleur et que les
	l'unité de soins intensifs néonatals.		la gestion de la douleur par les infirmières au cours de neuf procédures invasives de routine dans une unité de soins intensifs néonatals d'un hôpital universitaire.	de neuf infirmières ayant entre un et neuf ans d'expérience au sein de l'unité de soins intensifs néonatals, qui ont répondu à un questionnaire adapté contenant 13 questions ouvertes et fermées sur les conceptions, l'évaluation et la prise en charge de la douleur. Les réponses ont été analysées à l'aide de statistiques descriptives et d'une analyse de contenu.	La douleur a été évaluée principalement par des indicateurs comportementaux tels que les pleurs, la mimique faciale et l'activité motrice. La douleur a été évaluée principalement par des indicateurs comportementaux tels que les pleurs, la mimique faciale et l'activité motrice. Les procédures de routine ont été considérées comme modérément à extrêmement douloureuses, telles que la ponction veineuse/artérielle et le drainage thoracique, mais elles ont généralement été effectuées sans mesures de soulagement adéquates.	Bien que les procédures invasives soient douloureuses, les infirmières estiment que les mesures de soulagement de la douleur ne sont pas encore appliquées correctement. La formation dans le domaine du contrôle de la douleur est fondamentale pour que les professionnels puissent agir comme une source de ressources protectrices pour le développement ultérieur de l'enfant.
Revue brésilienne des soins infirmiers.	Neonatal nursing : the existential meaning of care in the Intensive	MELO, SOUZA, PAULA, 2013.	Révéler le sens existentiel des soins prodigués aux mères	Une approche phénoménologique heideggerienne a été	Dans son témoignage, la mère signale l'importance de se sentir également prise	L'analyse selon la méthode heideggerienne a révélé que la mère, lorsqu'elle est avec son

Care Unit (soins infirmiers néonatals : la signification existentielle des soins dans l'unité de soins intensifs).		de bébés prématurés hospitalisés en unité de soins intensifs néonatals.	utilisée et neuf mères ont été interrogées.	en charge dans un environnement de soins intensifs, où les soins sont centrés sur son enfant. Comprendre la complexité des soins en RNP, dans lesquels il ne suffit pas de mener des actions normatives, basées sur les soins quotidiens fournis, c'est promouvoir des soins dans lesquels les actions de soins dialoguent entre la dimension de la santé et celle de l'environnement.	enfant, se sent également prise en charge par les professionnels qui lui permettent d'affronter ce moment existentiel de manière plus sûre.
				L'objectivité des normes, des routines, des procédures et des technologies et la dimension subjective de la vie et de l'expérience des personnes impliquées. Pour comprendre cette complexité des soins, il faut se rendre compte que les soins comportent une dimension existentielle dans laquelle il y a un temps, dans lequel ils ne sont pas et ne seront pas prédéterminés.	

Journal latino-américain des soins infirmiers.	La performance des infirmières dans les unités de soins intensifs néonatals : entre l'idéal, le réel et le possible.	MONTA NHO LI, MERIGH I, JESUS, 2011.	Comprendr e l'expérienc e des infirmières travaillant dans une unité de soins intensifs néonatals.	Il s'agit d'une étude qualitative qui s'inscrit dans la perspective de la phénoménolo gie sociale. En réfléchissant au rôle des infirmières dans l'unité de soins intensifs néonatals, nous avons cherché à comprendre le groupe social des infirmières qui s'occupent des nouveau-nés dans l'unité de soins intensifs néonatals.	La surcharge d'activités, le nombre réduit de personnel, le manque de matériel et d'équipement et la nécessité d'un développement professionnel sont la réalité du travail de l'infirmière dans ce secteur.	La supervision des soins est possible ; la prise en charge complète du nouveau-né, avec la participation de ses parents, est l'idéal.
Magazine "Health in Focus".	Soins infirmiers aux nouveau-nés prématurés dans les unités de soins intensifs néonatals (USIN).	OTAVIA NO, SOARE S, DUART E, 2015.	Analyser la production scientifique des 5 dernières années sur les actions menées par la Commissio n européenn e.	Cette étude est une analyse documentaire intégrative dont l'objectif est de rassembler et systématiser les éléments suivants	La sélection a donné lieu à 17 articles qui ont montré une plus grande concentration de la recherche dans les années 2011 à 2012, avec 59% ; une prédominance de	Nous rappelons que la prise en charge individualisée des ON est essentielle pour établir une relation interpersonnelle de qualité et dans le cadre de la lutte contre la pauvreté.
			L'objectif de cette étude est d'aider l'équipe infirmière à soigner les nouveau-nés prématurés dans une unité de	les résultats de la recherche sur un sujet ou une question spécifique d'une manière systématique et organisée, contribuant à	L'approche qualitative avec 53 % et la région du sud-est en tant que zone géographique avec 42 %. Parmi les articles étudiés, 100 % ont été réalisés dans	en accord avec les hypothèses humanistes.

			soins intensifs néonatals (NICU), d'établir une vue d'ensemble actuelle du sujet traité, d'identifier les résultats mis en évidence par une analyse de la production scientifique au cours des cinq dernières années.	une meilleure compréhension du sujet étudié.	des unités de soins intensifs néonatals et ont mis en évidence les difficultés liées à la pratique des soins humanistes dans les unités de soins intensifs néonatals, qui sont souvent négligées par le personnel infirmier qui donne la priorité à d'autres activités dans leur service.	
Revista Escola de Enfermag em da USP.	Prise en charge des bébés prématurés dans une unité de soins intensifs néonatals.	PEREIRA et al, 2013.	Décrire la prise en charge 24 heures sur 24 des bébés prématurés dans une unité de soins intensifs néonatals (USIN).	Il s'agit d'une étude observationnelle, descriptive et exploratoire menée auprès de 20 bébés prématurés qui ont été filmés en continu sur une période de 24 heures entre septembre 2008 et mars 2009 dans une unité de soins intensifs néonatals.	Les prématurés ont subi en moyenne 768 manipulations et 1 341 interventions. Les manipulations ont duré en moyenne 2 heures et 26 minutes sur une période de 24 heures. Chaque manipulation regroupait en moyenne 2,2 procédures, la plupart d'entre elles se déroulant pendant l'équipe du matin. Les manipulations uniques représentaient 65,6 % de toutes les manipulations et la plupart d'entre elles duraient moins d'une minute.	On peut conclure que pendant les 24 heures évaluées, les prématurés ont été soumis à un excès de manipulations dans l'unité de soins intensifs néonatals.

Revue brésilienne des soins infirmiers.	Évaluation de la douleur chez les nouveau-nés prématurés dans l'unité de soins intensifs.	SANTOS et al, 2012.	Analyser le processus d'identification de la douleur chez les prématurés par l'équipe multiprofessionnelle de l'unité de soins intensifs néonatals d'un hôpital public d'une ville de l'intérieur de Bahia.	Il s'agit d'une étude descriptive, exploratoire et quantitative menée auprès de 24 agents de santé à l'aide d'un formulaire. Les données ont été analysées à l'aide du logiciel Statistical Package for Social Sciences.	Les résultats ont montré que 100 % des personnes interrogées pensaient que les nouveau-nés ressentaient la douleur, 83,3 % reconnaissaient la douleur comme un signe vital, 58,4 % ne connaissaient pas les échelles, 70,8 % ne les utilisaient pas et mettaient en évidence des signes physiologiques et comportementaux évocateurs de la douleur.	Il est important que les professionnels comprennent que la douleur est un phénomène complexe qui nécessite une intervention précoce, garantissant ainsi d'excellents soins.
Journal électronique des soins infirmiers.	Soins infirmiers pour les nouveau-nés prématurés dans une unité néonatale : le point de vue des professionnels des soins infirmiers.	SILVA, ARAÚJO, TEIXEIRA, 2012.	Analyser les pratiques de soins de l'équipe infirmière dans une unité néonatale pour les nouveau-nés prématurés.	Il s'agit d'une étude qualitative réalisée dans l'unité néonatale d'un hôpital public de Jequié-BA, avec onze professionnels de l'équipe soignante. Des entretiens semi-structurés ont été utilisés pour collecter les données, qui ont été analysées à l'aide de la technique d'analyse thématique du contenu.	Les résultats ont révélé que les professionnels des soins infirmiers concentrent leurs pratiques de soins sur les nouveau-nés prématurés avec une prédominance des aspects biologiques, bien qu'ils valorisent les aspects subjectifs impliqués dans les soins infirmiers.	Il est nécessaire de mettre en œuvre les normes d'humanisation des soins pour les nouveau-nés prématurés afin que les professionnels des soins infirmiers puissent intégrer pleinement leurs hypothèses.

Magazine "Health in Focus".	Soins infirmiers pour les nouveau-nés en soins intensifs.	SOUSA *et al*, 2016.	Rechercher dans la littérature des études sur les soins infirmiers prodigués aux nouveau-nés dans les unités de soins intensifs néonatals,	Il s'agit d'une analyse documentaire, dans laquelle les publications indexées dans Scielo Brésil ont été utilisées pour la collecte de données, afin d'obtenir	Cette recherche a montré que les professionnels des soins infirmiers se forment de plus en plus et recherchent de nouvelles connaissances sur le sujet.	La responsabilité des soins prodigués par le professionnel infirmier englobe une série de facteurs qui ont leurs côtés positifs et négatifs, dans lesquels le professionnel infirmier doit s'impliquer.
			ainsi que pour réduire les complications chez le nouveau-né.	des informations concrètes et actualisées sur le thème des soins infirmiers pour les infirmiers en soins intensifs.	La pratique des soins de santé dans l'unité de soins intensifs néonatals, dans le but d'améliorer la qualité de vie et le rétablissement et la guérison de la pathologie.	a connaissance de ce professionnel dans cette pratique de soins est cruciale pour le succès thérapeutique des NB dans l'unité de soins intensifs néonatals.

Compte tenu de ce qui précède, et considérant que les soins aux nouveau-nés doivent être développés de manière intégrée et humanisée, l'étude s'est attachée à rendre compte de l'importance du rôle de l'infirmière dans les soins aux nouveau-nés prématurés dans l'unité de soins intensifs néonatals (USIN) et à décrire les mesures non pharmacologiques utilisées dans l'USIN pour soulager la douleur et réconforter le nouveau-né, ce qui permet de réfléchir à la manière dont les soins aux nouveau-nés sont prodigués dans cet environnement et à ce qui peut être fait pour améliorer la réalité des soins prodigués.

CHAPITRE 3

CADRE THÉORIQUE

La mortalité infantile est un défi majeur pour la santé publique au Brésil. En ce qui concerne la mortalité néonatale, malgré les progrès scientifiques et technologiques et les améliorations des soins aux nouveau-nés, elle reste à des niveaux élevés par rapport à d'autres pays. En fait, les nouveau-nés prématurés et de faible poids à la naissance représentent les groupes les plus susceptibles de mourir parmi la population néonatale (CARNEIRO *et al,* 2012).

Santos *et al* (2012) ratifie que le taux de survie des nouveau-nés prématurés a augmenté, de sorte que les nouveau-nés atteints de maladies graves, d'un âge gestationnel extrême et/ou d'un très faible poids de naissance survivent. Mais même face à l'arsenal technologique et au développement du pays, le taux de mortalité dû à la prématurité reste élevé.

Selon Silva, Araujo et Teixeira (2012), la principale cause de mortalité infantile au Brésil est l'infection périnatale, qui comprend l'asphyxie à la naissance, les problèmes respiratoires et les infections, qui sont plus fréquents chez les prématurés et les nourrissons de faible poids à la naissance. En outre, de nombreux enfants sont encore affectés par divers problèmes, tels que des troubles du métabolisme, des difficultés à réguler la température corporelle et à s'alimenter.

Selon Lorenzini, Costa et Silva (2013), les infections liées aux soins de santé (ILS) représentent également un problème majeur pour la sécurité, la santé et la qualité de vie des PTNB, car elles peuvent entraîner la mort, causer des séquelles irréversibles, augmenter la durée de l'hospitalisation, ainsi que générer une charge financière élevée pour les établissements de soins de santé et des coûts pour la famille du patient.

Ces infections peuvent être causées par de nombreux facteurs, tels que l'état de la PTNB, la durée de l'hospitalisation, le nombre de procédures et de manipulations, la gravité de la maladie et le flux de visites, mais s'il n'y a pas de contrôle certain de la part de l'équipe soignante, plus la capacité de prolifération des IAS est grande (LORENZINI, COSTA, SILVA, 2013).

En plus de ces risques, les bébés prématurés représentent une population avec une plus grande chance d'acquérir des lésions cutanées en raison du développement incomplet de la couche cornée, de l'adhérence réduite entre l'épiderme et le derme, de la réduction du collagène dans le derme et de la présence d'œdèmes (AQUINO,

CHRISTOFFEL, 2010). Selon les auteurs, la prévention et le contrôle de la douleur sont extrêmement importants, non seulement en raison de questions éthiques, mais aussi en raison des conséquences néfastes potentielles d'une exposition constante à la douleur pour les NB. Ces conséquences comprennent des changements physiologiques, comportementaux et de sensibilité.

Comme Fontenele, Pagliuca et Cardoso (2012), les soins de la peau pour les NB sont une priorité lors de la spécialisation en soins infirmiers néonatals. Le maintien de l'intégrité de la peau est essentiel pour le développement de ses fonctions, et certaines situations telles que les ulcères, les brûlures, les dermatites, les traumatismes, entre autres, endommagent cette membrane.

La *North American Nursing Diagnosis Association International* cite la contention, la pression, les radiations, l'immobilisation physique, les adhésifs qui tirent les cheveux, l'humidité, les substances chimiques, les médicaments, les sécrétions et les excrétions comme des facteurs de risque pour l'intégrité de la peau (FONTENELE, PAGLIUCA, CARDOSO, 2012).

Compte tenu de ce qui précède, l'immaturité anatomique et physiologique liée à la prématurité rend les nourrissons vulnérables et les prédispose à des difficultés d'adaptation à l'environnement extra-utérin. Compte tenu du risque auquel ces enfants sont exposés dans leur processus de croissance et de développement, ils ont besoin de soins adéquats et spécialisés, de nature globale et humanisée (PEREIRA *et al,* 2013).

L'unité de soins intensifs néonatals (USIN) est l'environnement où sont concentrées les ressources matérielles et humaines spécialisées. Elle doit être organisée, préparée et expérimentée pour administrer des soins basés sur des procédures technico-scientifiques qui en garantissent la qualité, afin que l'équipe infirmière agisse efficacement tout au long des soins (AQUINO, CHRISTOFFEL, 2010).

Ainsi, l'unité néonatale de soins intensifs est un environnement doté d'équipements et de technologies de pointe, où des professionnels de la santé issus des catégories les plus diverses travaillent ensemble en faveur de la santé du bébé, en utilisant des techniques et des procédures sophistiquées afin d'assurer la santé et la survie du nouveau-né (OTAVIANO, DUARTE, SOARES, 2015).

En effet, les avancées technologiques dans les unités néonatales ont permis d'augmenter le taux de survie des nouveau-nés. Cependant, des facteurs tels que l'augmentation de l'équipement et du nombre de procédures invasives, ainsi que l'environnement nocif et les manipulations excessives pendant les soins, entraînent une série d'effets négatifs sur le développement de ces enfants, en particulier les prématurés (PEREIRA *et al*, 2013).

Selon Cardoso *et al* (2010), en raison de la diversité des technologies existantes et du grand nombre de procédures effectuées, l'unité de soins intensifs néonatals est un environnement reconnu comme stressant, tant du point de vue des utilisateurs que des professionnels de la santé. De plus, la présence constante de la mort fait ressentir au personnel soignant une souffrance intense.

Dans les unités néonatales, les NB, en particulier les prématurés ou les personnes gravement malades, sont soumis à toute une série de situations stressantes, y compris un bruit et une lumière excessifs, des manipulations fréquentes, ainsi que des procédures douloureuses répétées telles que les piqûres au talon, les ponctions veineuses, les sondages, le traitement des plaies, entre autres, ce qui entraîne des dommages physiologiques et comportementaux et l'utilisation de réserves d'énergie qui seraient autrement consacrées à leur croissance et à leur développement

(AQUINO, CHRISTOFFEL, 2010).

Santos *et al.* (2012) corroborent également le fait qu'en USIN, plusieurs facteurs, liés à la fois aux normes et routines institutionnelles et au processus de travail complexe, contribuent au déséquilibre homéostatique de la PTNB. Il s'agit notamment de la luminosité, de la température artificielle, du bruit constant et parfois de manipulations et de procédures excessives, douloureuses et stressantes.

La manipulation excessive est sans aucun doute une réalité dans les unités néonatales. Selon Santos *et al.* (2012), un nouveau-né prématuré reçoit généralement entre 130 et 234 manipulations en 24 heures, dont beaucoup sont excessivement douloureuses. En ce sens, il est nécessaire de déconstruire l'idée selon laquelle le nouveau-né est incapable de ressentir la douleur en raison de l'absence de myélinisation, signe de l'immaturité du système nerveux central. En effet, si l'on considérait cela, l'individu adulte ne ressentirait pas la douleur, puisque les impulsions nociceptives sont également guidées par des fibres non myélinisées et faiblement myélinisées.

Pour Aquino et Christoffel (2010), l'unité néonatale est considérée comme un lieu stressant, où les nouveau-nés sont souvent soumis à des procédures douloureuses et désagréables pendant leur hospitalisation. Cardoso *et al* (2010) déduisent que cet environnement interfère grandement avec la maturation et l'organisation du système nerveux central du nouveau-né. L'éclairage vif, le bruit excessif, les manipulations fréquentes et la conduite thérapeutique entraînent des changements significatifs dans les réponses physiologiques et comportementales du bébé, tels que des retards dans le développement physique, neurologique, sensoriel, émotionnel et cognitif.

Ainsi, les nouveau-nés admis à l'USIN sont exposés à des techniques et procédures invasives et douloureuses, ce qui aura certainement un impact négatif sur leur qualité de vie et leur développement neuropsychomoteur. En outre, ces stimuli déclenchent une réponse systémique au stress qui comprend des changements cardiovasculaires, respiratoires, hormonaux, immunologiques et comportementaux, entre autres (SANTOS *et al,* 2012).

Enfin, il ne fait aucun doute que l'environnement de l'unité de soins intensifs néonatals est très différent de l'utérus de la mère. Dans cet environnement, le NB est enveloppé d'un liquide chaud et protégé par la paroi utérine, ce qui lui procure un sentiment de sécurité, de confort et de bien-être.

Cependant, lorsqu'il naît prématurément, le nouveau-né est placé dans une couveuse, dans une position qui favorise la manipulation par l'équipe soignante, et est privé de sentiment d'affection ; les rares interventions affectueuses proviennent généralement des parents.

1.1. Soins infirmiers et importance des infirmières travaillant avec des PTNB dans l'unité de soins intensifs néonatals

Ricci (2015) affirme que les premières 24 heures de vie peuvent être les plus difficiles pour le nouveau-né. Le stress et l'épuisement du travail sont terminés pour les parents, mais un nouveau cycle de travail commence, au cours duquel le nouveau-né doit s'adapter physiologiquement et comportementalement à son nouvel environnement. À cette époque, le nouveau-né est exposé à un univers de sons, de couleurs, d'odeurs et de sensations ; au fur et à mesure qu'il s'adapte à la vie extra-utérine, d'innombrables changements physiologiques se produisent. C'est lorsqu'elle prend conscience des adaptations en cours que l'équipe soignante est en mesure d'apporter son soutien et son aide aux nouveau-nés prématurés.

Pour garantir des soins infirmiers adéquats au nouveau-né, il est essentiel de répondre à des besoins tels que l'hygiène, la nutrition, la médication, les changements de position et la stimulation, qui nécessitent un contact direct et fréquent, et qui sont liés aux soins primaires de la peau. En outre, les connaissances scientifiques et les compétences techniques sont fondamentales pour contrôler les fonctions vitales afin de réduire la mortalité et de garantir la survie des nouveau-nés à risque, en particulier des prématurés (FONTENELE, PAGLIUCA, CARDOSO, 2012).

Selon Montanholi, Merighi et Jesus (2011), avec les progrès de la technologie et de la néonatologie, les infirmières ont assumé un rôle de premier plan dans les soins aux nouveau-nés gravement malades, ce qui les oblige à améliorer leurs connaissances techniques et scientifiques afin d'améliorer la qualité des soins néonatals. Il ne fait aucun doute que des connaissances spécifiques et des compétences techniques sont essentielles pour des soins efficaces.

Fontenele, Pagliuca et Cardoso (2012) affirment que pour être efficaces, les soins infirmiers doivent être sûrs, humanisés et spécialisés. Il incombe donc à l'infirmière de l'USIN d'organiser l'environnement, de planifier et de réaliser les soins infirmiers en fonction des besoins et de la réaction de chaque nouveau-né, afin de fournir des soins résolutifs et de qualité.

Le rôle de l'infirmière, en particulier dans l'unité de soins intensifs néonatals, implique des soins spécialisés qui nécessitent des connaissances et des compétences techniques adéquates d'une complexité technologique moyenne et élevée, impliquant des actions visant à réduire les manipulations excessives, car celles-ci peuvent entraîner des changements physiologiques et comportementaux, ainsi que déclencher des manifestations de stress et de douleur, interférant ainsi avec le bien-être de l'enfant. L'infirmière doit également être préparée sur le plan émotionnel pour faire face aux procédures douloureuses, à l'inconfort généré, à la perte et à la souffrance (MELO, SOUZA, PAULA, 2013).

> "Les professionnels infirmiers doivent toujours être dans des conditions adéquates pour prodiguer des soins aux nouveau-nés, car en plus de la variété des maladies que l'hospitalisation implique, ils sont confrontés à des dispositifs et des équipements très sophistiqués qui nécessitent une manipulation appropriée" (CARDOSO *et al,* 2010, p. 81).

Selon Amaral *et al* (2014) et Pereira *et al* (2013), la prestation de soins infirmiers aux nouveau-nés nécessite des interventions physiques pour la surveillance, l'évaluation, la thérapie et les soins, mais la moindre manipulation peut provoquer un stress clinique et des changements comportementaux chez le nouveau-né.

La prématurité est directement liée à l'immaturité des organes, ce qui signifie que des soins différenciés et individualisés sont nécessaires. Plus l'âge gestationnel du nouveau-né est bas, plus le risque de développer des lésions et des infections cutanées, ainsi qu'une septicémie, est élevé. La préservation de l'intégrité de la peau est donc un aspect important des soins infirmiers dans cette phase néonatale transitoire (FONTENELE, PAGLIUCA, CARDOSO, 2012). En ce sens, les infirmières jouent un rôle crucial dans le traitement des blessures, et elles-mêmes et l'équipe soignante doivent être attentives à la peau du NB, en raison du risque de rupture (AQUINO, CHRISTOFFEL, 2010).

Il est également important de procéder à un examen physique constant afin d'obtenir une évaluation clinique continue et fiable de la peau du nouveau-né. Cette pratique permet d'orienter les soins les plus appropriés et de prendre des mesures pour prévenir la détérioration de la santé du nouveau-né (FONTENELE, PAGLIUCA, CARDOSO, 2012).

Les soins néonatals s'opposent à la nécessité d'une

manipulation minimale pour améliorer la qualité de vie des NB, en particulier lorsque des procédures invasives et douloureuses sont réalisées. Cette manipulation, couplée à l'utilisation de médicaments parfois excessifs, bien qu'importants pour la thérapie, est un grand potentiel pour l'émergence de blessures et d'infections, réaffirmant ainsi la nécessité de soins individualisés (AMARAL *et al,* 2014).

Selon Pereira *et al* (2013), les professionnels des soins infirmiers reconnaissent qu'une manipulation excessive des nouveau-nés peut causer de la douleur et du stress, et indiquent qu'une manipulation minimale est une stratégie importante pour réduire cet inconfort. Selon certains auteurs, la manipulation minimale des nouveau-nés est efficace pour promouvoir la stabilité et l'organisation, conservant ainsi l'énergie nécessaire à leur croissance et à leur développement.

Toujours selon l'auteur, en raison de la manipulation excessive pendant le séjour d'un nouveau-né à l'USIN, il est nécessaire d'évaluer de manière critique les soins fournis, notamment en ce qui concerne la prise de décision lors de l'exécution des procédures et de la manipulation de ces nouveau-nés au cours de la thérapie.

Martins *et al.* (2013) signalent que les professionnels

des soins infirmiers connaissent et appliquent systématiquement des mesures non pharmacologiques pour soulager la douleur au NB. En fait, les stratégies visant à promouvoir le confort et le bien-être et à soulager la douleur dépendent de la responsabilité du professionnel, le traitement et son soulagement étant un droit humain primaire.Selon la recherche d'Aquino et Christoffel (2010), les mesures non pharmacologiques utilisées par les infirmières pour contrôler la douleur des nouveau-nés étaient les suivantes :

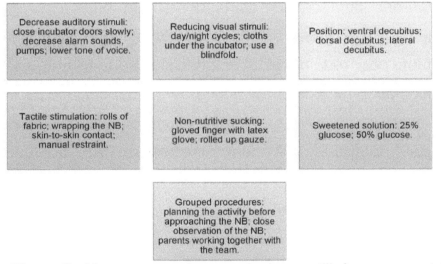

Figure 2 : Mesures non pharmacologiques utilisées pour contrôler la douleur au NB.
Source : AQUINO, CHRISTOFFEL, 2010.

On sait donc que dans l'unité de soins intensifs néonatals, les nouveau-nés sont soumis à diverses procédures douloureuses et désagréables, et que des mesures non pharmacologiques ont été utilisées par les professionnels des soins infirmiers pour soulager et contrôler la douleur. Des mesures environnementales, telles que la réduction de la lumière et du bruit, et des mesures comportementales, telles que le contact peau à peau, le bercement, la succion non nutritive, l'utilisation de glucose et les soins de groupe, sont utilisées par les professionnels pour soigner les nouveau-nés pendant les procédures douloureuses.

Dans l'étude d'Aquino et Christoffel (2010), les infirmières interrogées ont cité le retrait des rubans adhésifs et le changement des pansements comme les procédures de routine les plus douloureuses pour les ON. En ce qui concerne les procédures invasives effectuées par les infirmières, les suivantes ont été prises en compte : ponction au talon, ponction veineuse, prélèvement de sang capillaire, insertion d'une sonde orogastrique, cathéter vésical à demeure et PICC.

En ce qui concerne les infections nosocomiales, elles sont associées à un faible respect de l'hygiène des mains par les professionnels des soins infirmiers. Compte tenu de ce qui précède, les infirmières jouent un rôle fondamental dans la coordination et l'orientation du travail de leur équipe en vue de réduire l'incidence des IAS et de promouvoir le rétablissement et la qualité de vie des nouveau-nés. En fait, l'équipe infirmière travaillant dans l'unité de soins intensifs néonatals et l'unité de soins intensifs de santé devrait travailler ensemble pour détecter les risques possibles, minimisant ainsi la possibilité d'IAS et offrant une meilleure qualité de vie aux nouveau-nés (LORENZINI, COSTA, SILVA, 2013).

Selon Montanholi, Merighi et Jesus (2011), l'un des moyens de minimiser les effets négatifs de l'hospitalisation et de la séparation d'avec les parents, outre le contrôle de la douleur, des blessures et des infections, est de créer un environnement calme et paisible, propice au traitement du NB et donc exempt de stimuli nuisibles tels que l'éclairage excessif et la pollution sonore.

En fait, afin de fournir de meilleurs soins aux nouveau-nés, la combinaison de facteurs tels que la structure physique de l'unité de soins intensifs néonatals, la fourniture de matériel adéquat et de qualité, les connaissances scientifiques et technologiques de l'équipe de santé, associée à une communication efficace, donne des résultats positifs pour la santé du nouveau-né (CARDOSO *et al,* 2010). Par conséquent, en tant que membre de l'équipe néonatale, les infirmières doivent utiliser la communication de manière large, en permettant l'interaction entre le NB, les parents et l'équipe, et en favorisant des attitudes de sensibilité, d'empathie et d'acceptation.

Selon Sousa *et al* (2016), il est essentiel de garantir la qualité, l'efficacité, l'agilité et la sécurité des soins aux patients. Cependant, alors que les interventions cherchent à améliorer la qualité des soins prodigués, la combinaison de ces processus peut devenir un facteur de risque d'erreurs et de complications. Dans ce contexte, le rôle de l'infirmière néonatologiste est considéré comme un défi constant face aux appareils technologiques et à la complexité des soins au nouveau-né malade.

Enfin, l'application pratique des connaissances acquises par les professionnels des soins infirmiers en matière de soins aux nouveau-nés prématurés exige bien plus que l'adoption de routines, de formations et de protocoles. Une formation continue et permanente est nécessaire pour tous les professionnels qui s'occupent de ces nouveau-nés afin de promouvoir des soins complets et humanisés.

CHAPITRE 4

CONSIDÉRATIONS FINALES

La vie extra-utérine est déjà un défi pour les nouveau-nés, et pour ceux qui sont nés avec des problèmes et qui doivent rester dans l'unité de soins intensifs néonatals, le défi de la survie est encore plus grand. Dans ce scénario, le professionnel infirmier apparaît comme un membre de l'équipe multi-professionnelle qui s'occupe le plus du nouveau-né ; il est responsable des soins afin d'éviter des pratiques inappropriées qui génèrent des complications futures pour le nouveau-né.

Dans l'unité de soins intensifs néonatals, l'objectif principal de l'équipe infirmière est de fournir des soins de qualité aux êtres humains, étant donné que les facteurs de stress tels que l'éclairage excessif, la pollution sonore, la surcharge de travail, entre autres, compromettent la santé non seulement des nouveau-nés, mais aussi du personnel infirmier. Compte tenu de ce qui précède, le rôle de l'infirmière dans une unité de soins intensifs néonatals est imprégné de défis nouveaux et constants, car il exige de la sensibilité, des connaissances, des compétences et de la vigilance, des caractéristiques qui influencent la survie et l'évolution du développement de l'enfant.

La recherche en question a ainsi permis de mieux comprendre l'importance du rôle des infirmières dans la prise en charge des nouveau-nés prématurés admis dans l'unité de soins intensifs (NICU), et de souligner la pertinence de nouvelles études qui rendent compte en détail des soins prodigués par ces professionnels aux nouveau-nés gravement malades.

CHAPITRE 5

RÉFÉRENCES

AMARAL, J. B. do *et al.* *L'*équipe infirmière face à la douleur du nouveau-né prématuré. **Anna Nery School of Nursing Journal.** Rio de Janeiro, v. 18, n. 2, 2014, p. 241-246.

AQUINO, F. M. de ; CHRISTOFFEL, M. M. Douleur néonatale : mesures non pharmacologiques utilisées par l'équipe infirmière*. **Revista Rene.** Fortaleza, v. 11, numéro spécial, 2010, p. 169-177.

CARDOSO, S. N. de M. Desafios e estratégias das enfermeiras da unidade de terapia intensiva neonatal. **Revista Rene.** Fortaleza, v. 11, n. 4, 2010, p. 76-84.

CARNEIRO, J. A. *et al.* Risk factors for the mortality of very low birth weight infants in the Neonatal Intensive Care Unit. **Revista Paulista de Pediatria.** São Paulo, v. 30, n. 3, 2012, p. 369-376.

FONTENELE, F. C. ; PAGLIUCA, L. M. F. ; CARDOSO, M. V. L. M. L. Newborn skin care : concept analysis. **Anna Nery School of Nursing Journal.** Rio de Janeiro, v. 16, n. 3, 2012, p. 480-485.

KLOCK, P. ; ERDMANN, A. L. Caring for the newborn in the NICU : living with the fragility of living/surviving in the light of complexity. **Revista Escola de Enfermagem da USP.** São Paulo, v. 46, n. 1, 2012, p. 45-51.

LORENZINI, E. ; COSTA, T. C. da ; SILVA, E. F. da. Infection prevention and control in a neonatal intensive care unit (Prévention et contrôle des infections dans une unité de soins intensifs néonatals). **Revista Gaúcha de**

Enfermagem. Porto Alegre, v. 34, n. 4, 2013, p. 107-113.

MARTINS, S. W. *et al.* Evaluation and control of pain by nurses in a neonatal intensive care unit. **Revista Dor.** São Paulo, v. 14, n. 1, 2013, p. 21-26.

MELO, R. de C. de J. ; SOUZA, I. E. de O. ; PAULA, C. C. de. Neonatal nursing : the existential meaning of care in the Intensive Care Unit. **Revue brésilienne des soins infirmiers.** Brasília, v. 66, n. 5, 2013, p. 656-662.

MONTANHOLI, L. L. ; MERIGHI, M. A. B. ; JESUS, M. C. P. de. Nurse performance in the neonatal intensive care unit : between the ideal, the real and the possible. **Latin American Journal of Nursing.** Ribeirão Preto, v. 19, n. 2, 2011, p. 1-8.

OTAVIANO, F. de P. ; DUARTE, I. P. ; SOARES, N. S. Nursing care for premature neonates in neonatal intensive care units (NICUs). **Revista Saúde em Foco.** Teresina, v. 2, n. 1, 2015, p. 60-79.

PEREIRA, F. L. *et al.* The handling of premature babies in a Neonatal Intensive Care Unit. **Revista Escola de Enfermagem da USP.** São Paulo, v. 47, n. 6, 2013, p. 12721278.

RICCI, S. S. **Maternal and neonatal nursing and women's health.** 3. ed. Rio de Janeiro : Guanabara Koogan, 2015.

SANTOS, L. M. *et al.* Assessment of pain in premature newborns in the Intensive Care Unit. **Brazilian Journal of Nursing.** Brasília, v. 65, n. 1, 2012, p. 27-33.

SILVA, L. G. ; ARAÚJO, R. T. de ; TEIXEIRA, M. A. Nursing care for preterm neonates in a neonatal unit : the perspective of nursing professionals. **Revista Eletrônica de Enfermagem.** Goiânia, v. 14, n. 3, 2012, p. 634643.

SOUSA, M. do S. M. de *et al.* Nursing care of newborns in the ICU. **Revista Saúde em Foco.** Teresina, v. 3, n. 1, 2016, p. 94-106.

Milton Keynes UK
Ingram Content Group UK Ltd.
UKHW011146010424
440421UK00001B/327